조선 최고의
요리 연구가
장계향

조선 최고의 요리 연구가 장계향

신혜경, 한민혁 글
김병하 그림

보리

인물이야기

장계향

1598년~1680년

1598년(1세)
안동에서 태어남.

1607년(10세)
시 〈학발〉을 지음.

1612년(15세)
아픈 어머니를
대신해 살림을 맡음.

1616년(19세)
이시명과
혼인함.

1670년(73세)
《음식디미방》을
완성함.

1680년(83세)
세상을 떠남.

여성 최초의 요리책 《음식디미방》을 쓴 **장계향**

장계향은 글, 시, 그림, 글씨가 모두 뛰어났던 예술가야.
특히 '배운 것을 실천하라.'는 아버지의 가르침에 따라
평생 어려운 사람들에게 베풀고 나누는
삶을 살았던 실천가였지. 17세기 조선은
성리학의 예법을 중요하게 생각하던 때였어.
그래서 여성이 혼인하여 남편을 내조하고
남편의 가문을 위해 헌신하는 것을
당연한 '도리'로 여겼어. 학문과 예술을 배우거나
사회적 활동을 하는 여성은 거의 없었지.
장계향은 여성에게 주어졌던 좁은 도리의
길을 걸으면서도 스스로 뜻을 세우고
실천하여 빛나는 이름을 남겼어.

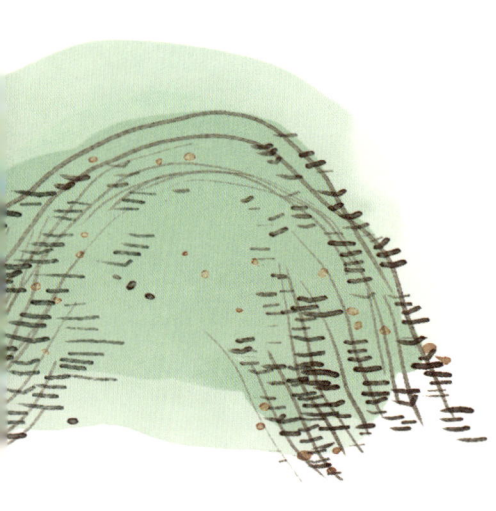

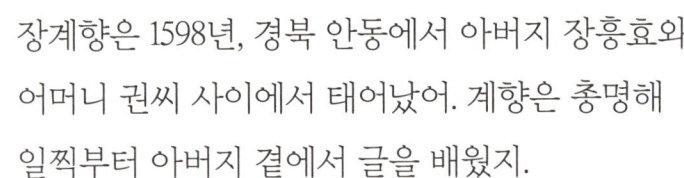

장계향은 1598년, 경북 안동에서 아버지 장흥효와 어머니 권씨 사이에서 태어났어. 계향은 총명해 일찍부터 아버지 곁에서 글을 배웠지.

네 살 때 천자문을 깨친 계향은 《소학》《예기》《논어》
《십구사략》 같은 유교 경전들을 빠르게 익혔어.
열 살이 되기 전에 이미 시와 그림, 글씨에 뛰어난
재능을 보였다고 해. 아버지는 딸을 제자로 두고 학문을
가르치며 늘 한 가지를 당부했어.

"책을 읽는 까닭은 배운 것을
실천하기 위해서다."

계향은 아버지의 가르침에 따라, 배우고 깨달은 것을 실천하여 사람들에게 보탬이 되고자 했어.

'소녀 선비'로 불렸던 계향은 시를 무척 잘 지었어. 열 살 남짓에 쓴 〈학발〉이라는 시에는 수자리*를 살러 나가 몇 해 동안 소식 없는 아들을 그리워하는 어머니가 나와. 시의 주인공은 계향과 같은 마을에 살던 한 노인이었어.

*수자리 : 나라의 국경을 지키던 일.

백발 늙은 몸 병들어 누웠는데
자식은 만 리 밖에 있구나.
만 리나 밖에 있는 자식
어느 세월에 돌아올꼬.

백발 늙은 몸 병은 깊어만 가는데
서산 해는 붉게 타며 저물어 가는구나.
하늘에 손 모아 빌고 또 빌어 봐도
어찌 하늘은 아무 대답도 없을꼬.

백발 늙은이 병을 무릅쓰고 일어나 보려 하건만
일어섰다가 또 쓰러지는구나.
지금 오히려 이와 같은데
붙들린 옷자락 끊고 떠나가면 그때는 어찌할꼬.

어려서부터 이웃의 삶에 관심이 많고, 가난한 이들을 돕고 싶어 한 계향의 마음이 담긴 시라고 할 수 있지.

계향의 아버지는 이 시를 읽고 그 마음에 크게
감동하여 시의 주인공에게 곡식과 약재를 전하며
위로했다고 해.

계향은 열다섯 살이 되던 해에 더 이상 시를 짓거나 그림을 그리지 않겠다고 결심해. 그 시대에 학문과 시, 글씨, 그림은 '여자의 일'이 아니었거든. 대신 어머니의 가르침을 받아 음식을 만드는 데 정성을 쏟았어. 어머니는 시댁과 친정에서 전해 내려오던 음식과 술 만드는 법을 모두 계향에게 가르쳤어.

계향의 어머니는
음식 재료는 모두 생명이 있는
것에서부터 나오니,
생명을 귀하게 여기는 마음으로
음식을 대하라며
재료를 대하는 자세부터 가르쳤어.

식구들의 밥상을 차리고, 손님 접대를 하고, 잦은 제사를
치르는 건 결코 만만한 일이 아니야. 그 시대에 음식을
만드는 일은 여자의 일로 가벼이 여겨졌지만,
진지하게 배워 나가야 하는 학문이자 기술이었어.

계향은 열아홉 살에 아버지의 제자인 이시명과
혼인했어. 두 사람 다 학문을 좋아하고 효성이 깊었지.
남에게 베풀기 좋아하는 성품까지 비슷했어. 두 사람은
아들과 딸을 여럿 낳아 모두 훌륭하게 길러 냈어.

계향의 아들들은 학문과 인품이 뛰어난 이로 자랐어.
셋째 아들 이현일은 이조판서 벼슬에도 올랐지.
그러나 계향은 늘 자식들에게 벼슬에 오르는 것보다
착한 행실이 더 중요하다고 가르쳤어.

"너희가 글공부를 잘한다는 말을 들어도
 나는 귀하게 여기지 않는다.
 그보다 착한 행동을 했다는 말을
 듣는 것이 더 즐겁고
 그 일을 잊지 않을 것이다."

계향이 마흔을 앞둘 무렵 병자호란이 일어났고,
남편 이시명이 옥사*에 휘말려 벼슬을 잃어.
두 사람은 욕심을 버리고 산골에 들어가 공부하며
제자를 기르는 삶을 살기로 하지.

*옥사 : 반역이나 살인 따위의
 크고 중대한 사건.

계향은 경북 영양에 있는 마을에 도착한 뒤 도토리나무 숲을 가꾸기 시작해. 도토리는 흉년이 들수록 열매를 많이 맺는 작물로, 뒷날 굶주릴 사람들을 위한 거였지.

그러다 1640년, 마을에 큰 흉년이 들었고, 계향은 미리 심어 둔 도토리나무 열매로 죽을 쑤어 백오십여 명을 먹였어. 계향은 자식들에게 밥 빌러 온 사람들의 마음을 상하게 하지 말라고 일렀어.

신세를 지는 이들에게도
예의를 다 하고,
차별 없이 똑같이 베풀라는 뜻이었지.

계향은 나이가 더 들자 안동으로 터전을 옮겼어. 양식이 부족할 때는 소나무 껍질과 도토리를 보태어 먹을 만큼 가난했지만, 시를 다시 쓰기 시작했지. 무엇보다 평생의 배움과 경험을 담은 요리책 《음식디미방》을 쓰기 시작해.

《음식디미방》은 '음식의 맛을 알려 주는 방법'이라는 뜻이야. 이 책은 경북 지역 양반 집안에서 전해 내려오는 백마흔여섯 가지 음식 조리법을 담고 있어.

면과 떡, 생선과 고기반찬 만드는 법, 술 담그는 법, 식초 담그는 법으로 구성되어 있지. 가까운 사람에게 직접 일러 주듯 쉬운 우리말로 썼어.

이 책은 음식 재료의 손질과
보관 방법, 조리법 같은
옛 음식에 관한 정보뿐만 아니라,
당시 사람들의 생활상과 언어에 대한
지식까지 풍성하게 담고 있는
귀한 역사 자료야.

17세기 조선에서는 여자가 책을 쓰는 일이 무척
드물었어. 아무리 학문과 예술에 뛰어난 재능이 있어도
'문장가는 여자의 일이 아니다.'라고 여기던 때였으니까.
그러나 장계향은 자기 책을 썼고, 이런 당부를 덧붙였어.

'딸자식들은 저마다 책을 베껴 가되 가져가지는 말라.
부디 상하지 않게 간수하여 빨리 떨어지지 않게 하라.'
자기 책을 오래오래 두고 보며 배우고 실행하라는
뜻이었지.

계향은 '배웠으면 실천하라.'는 아버지의
가르침에 따라, 자신이 배웠던 살림과
요리에 대한 지식을 후손에게 남기기
위해 글을 쓴 거야. 《음식디미방》은
음식 만드는 법을 넘어서, 오랫동안 쌓인
귀한 지식과 교훈을 담은 책으로 우리 곁에 남았어.

역사이야기

열매 채집부터 계절 음식까지,

한국의
음식 문화

우리 음식 문화의 발전

혹시 좋아하는 음식이 뭐야?
맛있는 음식을 먹으면 기분이 좋아지잖아.
그런데 까마득히 먼 옛날에는
'맛'이란 그다지 중요한 것이 아니었어.
맛을 따지기에는 먹을거리가 너무 부족했거든.
그저 주린 배를 채우기에 바빴지.
시간이 흐르면서 사람들은 어떻게 하면
같은 재료를 가지고도 맛있게 먹을 수 있을까
고민하기 시작했어.
입맛을 돋우는 양념이 만들어졌고,
여러 가지 요리 기술도 생겨났지.
다른 나라 사람들과 교류하며
낯선 음식 재료와 요리법을 받아들이기도 했어.
음식이 발전하는 과정을 따라가다 보면
사람들의 삶이 어떻게 바뀌어 왔는지도 알 수 있어.

도토리와 수수를 먹는 사람들

열매 채집

처음 이 땅에 자리 잡은 사람들은
계절에 따라 자연에서 다양한 먹을거리를 얻었어.
오래전부터 한반도에 뿌리내린 참나무에서는 도토리가 열리는데,
만 년 전, 한반도에 터를 잡은 사람들은
이 도토리를 주워 먹으며 살았어.
아마 도토리를 물에 담가 떫은맛을 없앤 뒤 먹었을 거야.
돌판에 놓고 갈돌로 갈아 가루를 낸 다음
토기에다 익혀 먹었으니 마치 묵 같았겠지?
껍데기를 까서 통째로 구워 먹기도 했어.

농사의 시작

인구가 점점 늘어나고 공동체가 커지면서,
인류 역사에서 무척 중요한 변화가 일어났어.
바로 농사를 짓기 시작한 거야.
농사는 신석기 혁명이라고 불릴 만큼
인간이 살아가는 방식을 크게 바꾸어 놓았어.

먹을거리를 찾아 여기저기 떠돌아다니는 대신
한군데 정착해서 살아가기 시작했지.
한반도는 평야가 넓지 않아.
겨울이 춥고 긴 데다 비도 고르게 오지 않지.
그래서 조, 피, 수수 같은 물이 많이 필요하지 않은
밭에서 자라는 곡물을 길렀어.

잡곡밥과 쌀밥 그 사이 어디쯤

한반도의 벼농사

밥상에 오른 수많은 음식 가운데 주인공은 누구일까?
달짝지근한 불고기? 다채로운 맛의 잡채? 구수한 된장찌개?
아니, 밥이 없으면 밥상이 아니지!
밥은 쌀이나 보리 따위의 곡식에다 물을 알맞게 부어
물기가 잦아들 때까지 끓여 익힌 음식이야.
물론 한 끼를 이르는 말로도 쓰지.
밥하면 가장 먼저 떠오르는 곡물은 쌀이야.
쌀은 본래 열대의 습한 땅에서 자라는 작물이었어.
그러다 청동기 시대 한반도에 전해지면서
우리나라에도 벼농사가 시작되었어.
벼는 같은 크기의 땅에서 자라는 다른 곡물보다
훨씬 더 많은 열매를 맺어.
그만큼 더 많은 사람이 먹고 살 수 있기 때문에
많은 나라에서 쌀을 주식으로 삼고 있어.
쌀은 화폐처럼 쓰이기도 하고, 세금의 단위가 되기도 했어.
그런데 조선 시대까지도 우리나라에서

벼농사를 지을 수 있는 논은 전체 농경지의
4분의 1 정도밖에 되지 않았어.
그래서 우리 역사에서 '밥'은 대부분 잡곡밥이었어.
하얀 쌀밥은 아무나 먹을 수 없는 귀한 음식이었지.

밥상에 맛을 더하다

간장과 된장

우리나라를 대표하는 양념에는 된장과 간장이 있어.
이 두 양념은 무엇으로 만들까? 바로 콩이야.
만주와 한반도는 콩이 풍부해서
예부터 여러 가지 요리에 활용해 왔어.
그럼 언제부터 우리는 된장과 간장을 담가 먹었을까?
역사가들은 삼국 시대라고 생각하고 있어.
삼국사기에서 장에 관한 정보를 찾을 수 있는 데다
액체를 오래 저장할 수 있는 경질 토기가
만들어진 것도 바로 그때거든.
이 시기 사람들은 콩의 단백질을 섭취하려고
두부도 만들어 먹기 시작했어.
두부는 가축의 젖을 원료로 하는 치즈와 만드는 방법이 비슷해.
그래서 여러 학자들은 두부 만드는 방법을 유목 민족에게서
전해 받았을 거라고 추측하고 있어.

반찬과 국

우리나라 사람들은 산과 들에서 나물을 캐거나,
텃밭에서 채소를 길러 반찬을 만들어 먹었어.
특히 고려 시대에는 채식이 발달했어.
고기를 먹지 않는 불교문화가 널리 퍼져 있었기 때문이지.
당시 중국 사람들은 미역국을 '고려국'이라고 불렀다고 해.
고려 사람들이 미역 같은 해조류를 많이 먹었거든.
우리나라 밥상에서 빼놓을 수 없는 음식이 바로 국이야.
세계에는 손으로 밥을 먹는 사람이 40퍼센트,
포크와 나이프를 쓰는 사람이 30퍼센트,
젓가락만 쓰는 사람이 30퍼센트쯤 된다고 해.
음식을 먹을 때 젓가락과 숟가락을
모두 쓰는 사람은 우리나라 사람밖에 없는데
밥상에 밥과 국이 함께 올라와서 그런 거지.

조선 시대에 등장한 다양한 요리책

《산가요록》

조선 시대는 우리나라 음식이 활발하게 발전한 시기야.
장계향이 쓴 《음식디미방》뿐 아니라 다양한 요리책이 이때 나왔지.
지금까지 남아 있는 요리책 가운데 가장 오래된 책은
1450년대에 어의인 전순의가 쓴 《산가요록》이야.
'농촌에 필요한 기록'이라는 뜻을 가진 이 책에는
조리법이 230여 가지가 들어 있어.
그동안 잘 알 수 없었던 액체류의 계량 단위가 정확히 쓰여 있고,
세계 최초로 겨울철 채소를 기르기 위한 온실 만드는 방법도 쓰여 있지.

《수운잡방》

1540년 무렵에는 안동 지역에 살던 유학자 김유가
《수운잡방》이라는 책을 썼어.
상, 하편으로 나뉜 이 책에는
술 담그는 법이 다양하게 소개되어 있어.
제사를 지내고 손님을 접대하는 문화 속에서
집마다 술을 담그는 게 중요한 일이었다는 걸 엿볼 수 있지.

《규합총서》

《규합총서》는 여성 실학자인 빙허각 이씨가
1809년에 쓴 책이야. 가정 살림에 필요한
여러 가지 지식을 담은 생활 백과 같은 책으로
당시 서울의 음식 조리법이 꼼꼼하게 기록되어 있어.

《정조지》

1827년에 쓰인 《정조지》는 음식의 조리법과 이론까지
탄탄하게 서술된 요리 백과사전이야.
조선 후기 음식에 관한 방대한 정보가 들어 있지.
제목의 '정조'는 '솥과 도마'를 뜻하는 한자어야.
이 책을 쓴 실학자 서유구는 《규합총서》를 쓴
빙허각 이씨의 시동생이자 제자이기도 해.

최고의 발효 음식 김치

채소 절임

냉장고가 없었던 시절, 사람들은 음식을 오랫동안
보관하기 위해 여러 가지 방법을 생각해 냈어.
수분이 많은 음식을 그대로 두면 상하기 쉬우니까.
바짝 말려 물기를 빼기도 하고,
소금이나 간장에 절이기도 했지.
미생물을 이용하는 '발효'도 있어.
발효로 만든 대표 음식 가운데 하나가 바로 김치야.
오래전 김치는 지금 우리가 흔히 먹는 빨간 배추김치와

아주 달랐어. 장아찌처럼 무나 다른 채소를 소금이나
간장에 절인 형태였지.

배추김치

중국 양쯔강 유역이 고향인 배추가 한반도에 들어온 건
14세기쯤이야. 당시 조선 배추는 길쭉하고 속이 빈 대신,
감칠맛이 있어서 우거지를 만들기 좋았다고 해.
그러다 백 년 전, 중국 산둥 사람들이 둥근 모양에
속이 꽉 찬 결구배추를 조선에 가져왔어.
처음에는 결구배추가 조선 사람들 입맛에 맞지 않았어.
그런데 일제강점기, 조선 배추가 병충해에 시달리면서
결구배추가 널리 쓰이기 시작했어.

빨간 김치

우리가 고춧가루 들어간 빨간 김치를 먹기 시작한 건
그리 오래된 일이 아니야. 조선 후기가 되어서야 고추가
한반도에 전해졌거든. 남아메리카가 고향인 고추는
독특한 매운맛으로 우리나라 사람들의 입맛을 사로잡았어.
배추에 고춧가루를 버무리면서 지금 우리가 먹는
빨간 배추김치가 만들어졌지.

메밀로 만드는 겨울 음식

메밀국수와 냉면

중국에서 발명된 국수는 세계 여러 나라에 전해져
여러 가지 요리로 다시 태어났어.
조선 시대에 국수라고 하면 흔히 메밀국수를 일컬었어.
다른 나라에서 주로 국수를 만드는 작물인 밀은
건조한 기후에서 자라기 때문에 한반도에서는 귀했거든.
《음식디미방》에 나오는 메밀국수가
그냥 '면'이라고 소개된 것만 봐도
그 시절 국수의 재료가 대부분 메밀이었다는 것을 알 수 있지.
메밀 반죽을 얇게 밀어 칼로 썰거나,
국수틀에 넣고 눌러서 면발을 가늘게 뽑아내.
메밀면은 끈기가 없어 뚝뚝 끊어지는 게 특징이야.
면이 덜 끊어지게 하려고 녹두 녹말을 섞거나
반죽할 때 뜨거운 물을 넣기도 했어.

이렇게 만든 메밀면을 따뜻하거나 차가운 국물에 말아 먹었지.
국물로는 고기를 삶아 맑은장국을 내기도 하고,
배추김치나 동치미 국물을 쓰기도 했어.
차가운 동치미 국물에 말아 먹던 메밀국수가
지금 우리가 먹는 냉면의 시작이야.
요즘은 더운 여름에 냉면을 많이 찾지만
조선 시대에는 추운 계절에 주로 먹던 음식이야.
메밀도, 무로 담근 동치미도 겨울에 제맛이라
겨울날 온돌방에서 많이 먹었다고 해.

조선 사람들의 입맛을 사로잡은 소고기

돼지고기보다 소고기

조선 시대 사람들은 돼지고기보다 소고기를 더 많이 먹었어.
오로지 고기를 얻기 위해 키우는 돼지보다
농사에 필요해 키우는 소가 훨씬 많았거든.
게다가 소는 풀만 먹여도 잘 사는데
돼지는 사람이 먹는 음식을 나누어 먹으니
안 그래도 먹을거리가 부족했던 조선에서는
키우기 힘든 가축이었을 거야.
가격도 지금과 다르게 돼지고기가 훨씬 비쌌다고 해.

조선 시대의 고기 파티, 난로회

조선 후기에 소가 많이 늘어나자
서울 곳곳에 소고기를 파는 가게가 생겨났어.
풍경 좋은 곳으로 나들이를 가
숯불에 소고기를 구워 먹는 '난로회'도 유행했지.
김홍도가 그린 〈설후야연〉이나 성협이 그린 〈야연〉이라는
작품에는 이러한 풍습이 잘 나타나 있어.
우리나라는 소고기를 부위별로 무척 세세하게 나눴어.
그 가짓수가 무려 120개나 되는데
세계 어느 나라보다도 많은 수라고 해.

🔘 소곤소곤 뒷이야기

근대 문화가 만든 음식, 설렁탕과 짜장면

일제강점기, 일본 군대에서 필요한 소가죽을 얻으려고
조선총독부가 한반도에서 소를 대량으로 생산했어.
소를 잡고 남은 뼈와 부산물을 가져다 푹 끓이는
설렁탕을 파는 식당이 서울 종로에 생기기 시작했지.
짜장면도 1908년, 중국 노동자들이 인천에 자리 잡으면서
처음 알려졌어. 달콤한 한국식 검은색 춘장은
1948년에 처음 만들어졌지.
그러다 한국전쟁 뒤 미국에서 보낸 밀가루로 면을 만들었고,
주 수출품이던 양파도 넣어 우리가 아는 짜장면이 됐어.

역사 인물 돋보기: 예술+문화 01
조선 최고의 요리 연구가 장계향

2025년 3월 10일 1판 1쇄 펴냄
글 신혜경, 한민혁 | 그림 김병하

편집 김누리, 김성재, 이경희, 이정희, 임헌
디자인 박진희 | **제작** 심준엽
영업마케팅 심규완, 양병희, 윤민영 | **영업관리** 안명선
새사업부 조서연 | **경영지원실** 노명아, 신종호, 차수민
인쇄와 제본 (주)상지사 P&B

펴낸이 유문숙 | **펴낸 곳** (주)도서출판 보리 | **출판등록** 1991년 8월 6일 제9-279호
주소 (10881) 경기도 파주시 직지길 492
전화 031-955-3535 | 전송 031-950-9501
누리집 www.boribook.com | 전자우편 bori@boribook.com

ⓒ 김병하, 신혜경, 한민혁, 2025

이 책의 내용을 쓰고자 할 때는, 저작권자와 출판사의 허락을 받아야 합니다.
잘못된 책은 바꾸어 드립니다.

값 9,000원

*보리는 나무 한 그루를 베어 낼 가치가 있는지 생각하며 책을 만듭니다.
ISBN 979-11-6314-396-3 (74910)
     979-11-6314-395-6 (세트)

참고 문헌
《장계향 조선의 큰어머니》, 정동주, 한길사, 2013 (12~13쪽)

제품명 도서 **제조자명** ㈜도서출판 보리 **주소** (10881) 경기도 파주시 직지길 492 **전화번호** (031) 955-3535
제조년월 2025년 3월 **제조국** 대한민국 **사용연령** 10세 이상 **주의사항** 책의 모서리가 날카로우니 다치지 않게 주의하세요.
KC 마크는 이 제품이 공통안전기준에 적합하였음을 의미합니다.